El aire en la mano
(divagaciones)

Élitro Editorial del Proyecto Zompopos
New York – New Hampshire

El aire en la mano
(divagaciones)

José Gustavo Melara

Zompopos
El libro es un Zompopo

El aire en la manano (divagaciones)
Copyright © José Gustavo Melara, 2025

© D.R. The Zompopos Project: El libro es un Zompopo, 2025
Élitro Editorial del Proyecto Zompopos
       http://editorialzompopos.blogspot.com/
       E-mail: AlaEditorial@zompopos.org

Imagen y diseño de portada: D.R. © W. Blake Welch, 2025

Todos los derechos reservados.
No se permite la reproducción total o parcial, en ningún medio o formato, ya sea electrónico o mecánico, incluyendo fotocopias, grabaciones, o por parte de cualquier sistema de almacenamiento y recuperación de datos —exceptuando a reseñantes y críticos quienes podrán citar breves pasajes para reseñas en revistas o periódicos— sin la autorización previa y por escrito del titular del copyright. Se ruega no participar ni fomentar la piratería de material bajo copyright en violación de los derechos de autoría. Comprar solamente ediciones autorizadas.

All rights reserved.
No part of this book may be reproduced or transmitted in any form or by any means, electronic or mechanical, including photocopying, recording, or by an information storage and retrieval system —except by a reviewer who may quote brief passages in a review to be printed in a magazine or newspaper— without permission in writing from the holder of the copyright. Please do not participate in or encourage piracy of copyright materials in violation of the author's rights. Purchase only authorized editions.

ISBN-13: 978-1-946264-11-4
ISBN-10: 1-946264-11-3

Hecho e impreso en EE.UU. / Made and Printed in the USA

Dedicatoria

A vos —y sólo a vos— que me dijiste te quiero comprendiendo el mundo ancho de esas palabras.

Índice

Epígrafe xii

Continuidad de las esquinas (con Vivaldi: RV 425, Allegro) 2

Nature vivante (con Khachaturian: Waltz from Masquerade) 6

Al otro lado de la luna (con J. S. Bach: BWV 78, Aria duetto) 10

Atalanta (con Chopin: Op. 10, No. 3)..14

Rilke, mientras moría (con Smetana: Má Vlast, Vltava)................18

Modernidad (con Brahms: Op. 49 No. 4)...22

Ruptura (con Beethoven: WoO 10: No. 2).......................................26

Romance de la enamorada (con Chopin: Op. 9, No. 1)..................30

Rosetón (con Delibes: Lakmé/Flower Duet)...................................34

Romance sin nombre (con Brahms: Op. 90, Poco allegretto).......38

Recuerdo, imperceptible (con Mendelssohn: Op. 90, Allegro
 vivace)..42

Haikus (con Satie: Gymnopédie No. 1)..46

Regodeo (con Schubert: D780, No. 3)..48

Mirrors (con Pärt: Spiegel im Spiegel)..52

Cerezo en flor (con Mozart: K. 299, Andantino)............................54

Azacuanes (con J. S. Bach: BWV 1049, Allegro).............................58

Nubes (con Mozart: K. 201, Allegro moderato)..............................60

Blanco trazo (con Granados: *Oriental*)..64

Escena de ciudad (con J. S. Bach: BWV 1030, Andante)...............68

Azahares (con Debussy: Arabesque No. 1)......................................72

Epígrafe

The music is not in the notes, but in the silence between.
—**W. A. Mozart**

Continuidad de las esquinas
(con Vivaldi: RV 425, allegro)

Hoy he vuelto a la continuidad de las esquinas,

a los ángulos donde se disimula

una mandolina de momentos plateados, con cuerdas de azahares

tocadas por las brumas y la resignación. Amanecía después de la tarde

y sacaba el tío de su tinta una nube de mirlos, síntesis de vértigo

y un suspiro, y los conjugaba en noche,

aplazando distancias y vidas con tiempo, rodeando acantilados de mármol.

Extraño a ese peregrino que se cruza como golondrina en las esquinas

de mi infancia, que mide con libros

mi juventud. Es pasajero que viaja en silueta con piel, y

desde su luz, sigo con la mirada el arco que ha dejado

su silencio y su presencia adornada de tiempo y nieve.

Y es que su voz alcanza para descifrar el aire en la mano

sin que se suspenda el vuelo del sensontle.

Lo imagino integrado a la lluvia fugitiva; otras a la esfera de la luna;

aún otras a la palabra que llora en el ángulo de la rutina, y la lluvia se acumula,

y el hibisco se enreda en el aire, y se desprende

y lo toma la luz y lo lanza al bello ahora.

Nature vivante
(con Khachaturian: Waltz from Masquerade)

La hoja de abedul se desprende

y se imagina jazmín. Desplaza

su belleza; recorre y trasciende

al sol que ahora flota en la plaza.

Bailoteando en el aire es copo;

al caer viste con piel de armiño

y observa al fantasma de un zompopo,

el mismo que cuando yo era niño.

Ha caído y arranca del suelo,

al juntarse con él, una nota,

una máscara de risa y duelo.

Vuelo sostenido de gaviota.

El abedul, transformado en hoja,

mira, baja, palpa, ama y moja.

Al otro lado de la luna
(con J. S. Bach: BWV 78, Aria duetto)

La figura rota en el pasillo

llena de rabia la aldaba y sube en ola la pared.

Al otro lado, la mujer abre la puerta,

el espejo de las noches se hincha de sombras

y ella no puede ocultar ni la rosa de su cuerpo

ni el otoño de su ánimo. Descansa el viento.

La sombra rota en el pasillo se prende de la aldaba,

suelta furia y es aldaba, acaba por doblar el aire,

lo deposita en el espejo de las noches

y lo hincha de azotes y rencores inventados.

Lo persiguen la furia del fuego,

el desorden de sus días líquidos y el lunar de ella.

A ella se le han extraviado el tiempo y los años de tierra y charcos

donde esporádica chapoteaba penas;

ahora se viste de mármol ("Hey, do you even have a green card?")

y encuentra su momento de resistencia en la piel de su hija.

    La sombra rota quiebra el viento en el pasillo,

la niña abre la puerta y se diluye en el espejo.

Se funde él –lleno de cárcel–

con la expansiva sombra de ellas,

al otro lado de la luna.

Atalanta (con Chopin: Op. 10, No. 3)

Soñé ayer con vos y sonreías.

Tejías las telas de los días,

dejabas que la aguja hilvanara

el aroma y el color de una jara.

Sonreías en la claridad

—armonía en la tonalidad—

de la mañana que bordaba halos

de luz, nubes y sus intervalos.

Ayer soñé que vos me soñabas.

Cruzabas el pasaje y les dabas

un regalo a los que te veían.

Yo iba donde tus pasos caían.

Y aún seguís cruzando el pasaje,

ligera de luz y de equipaje.

Rilke, mientras moría
(con Smetana: Má Vlast, Vltava)

Rilke, mientras moría, dispuso sobre sus ojos unos pétalos que le devolvían el sueño.

           Le treparían las comisuras y sus labios se harían de silencios.

                Tantas veces se abrió la flor cerca de su voz y de su corazón,

                  y proseguía con la emoción del que planta un jardín de instancias

    en mayo, o de ese río que se sale de su cauce y alcanza un acento

        sostenido; que crece como la luna y toma posesión de los gestos

y las páginas que impregna. No hace, decían, florecer la rosa en el poema;

el poema es la rosa, la tempestuosa, la perfecta,

la que permanece y se disuelve en la escritura,

          sólo para revelarse con acento de ola o cuerpo de géiser, mutable con él,

blanca y también amarilla, transparente y de mármol, roja,

volcando al mundo su pecho de Venus, arrojando

la luz que supone un recinto propio, o un verbo común

que sólo él puede amanecer y desplegar su forma.

     Ángel con mano abierta en la rosa, rosa y mano, mar y Roma,

    grita al margen de la tradición muerta en abrazo de madera, y se alzan

 (sus Ángeles) en gritos no proferidos aún, y a fuerza de belleza empieza por destruir.

 Y así el principio: su verso es el diluvio del 20, y se abre, y el poeta

como poema y nube abre los ojos, Ángel terrible, infinito, rodeando el cuerpo del rosal.

The great death we bear within ourselves

Modernidad (con Brahms: Op. 49 No. 4)

Grito de ciervo azulado, plenitud

de manos, cornucopia de olores, flor

cuya fortaleza es el llanto —dolor

gris—, y el apetito su mayor virtud.

Grito de luna, se eleva claro, roto,

con la ostentación de escucharse. Encima, hambre.

La arrulla paciente, la mete al enjambre

(ruedas): conjuro que arranca el alboroto.

Una vuelta por el corazón del negro

manto —Dios mío si supiera (no) el suegro—

hasta alcanzar las mantas altas de algodón.

Con su gesto de "Thank you, Jesus" ya lejos

la madre gira —y no el del leño— el timón,

y es cuando la asaltan Grass y los espejos.

Ruptura (con Beethoven: WoO 10: No. 2)

Una sonrisa suelta un verso

y la luna se recuesta sobre su tristeza.

Una gaviota resbala entre una

miríada de rosetones púrpura,

mientras un almendro ya se ha sacudido

la nieve, la escarcha y el olor a viento.

Resbalamos entre huellas de mozote,

y un romero se esconde en los dobladillos del tiempo.

El reloj de plata abre distancias en la ventana,

                me consagro.

El eco de tu risa se traslada como saeta, se lanza puntual,

y convierte el rumor de tu trayecto en atardecer:

candado hacia el horizonte.

Ahora el paso de la palabra

convoca al paréntesis azul,

y una intuición se desvanece

en el zócalo de un bolígrafo.

Me resta la suma de una convicción maratónica,

allí entre acacias y capulines.

**Romance de la enamorada
(con Chopin: Op. 9, No. 1)**

Ella se arreglaba el pelo,

sonreía frente al marco;

él la vivía y callaba,

lo desbordaban los años.

Ella, en blusa de domingo,

vestía un deseo blanco;

su bolso negro escondía

versos de tardes y ocasos.

Se sabía de memoria

cada verso enamorado,

y mientras iba a la iglesia

se olvidaba recitándolos.

De pie, al ala del almendro,

él la estaría esperando,

soñando que ella pasara

con la flor roja en la mano.

Insinuaba él su presencia,

ocultaba el pelo blanco;

ella pasaría sola,

no volvería a mirarlo.

Era domingo y esperaba

que ella pasara callando;

el amor se quedaría

en un gesto postergado.

Caminando en la mañana,

no se volvía a mirarlo;

él llevaba en los bolsillos

un poema y dos geranios:

se confundía con nada,

ella pasaba de largo.

Él no sospechaba, no,

que ella lo quisiera tanto.

Él, que quería olvidarla,

quererla como un gitano,

la contemplaba marcharse;

ella se marchaba amándolo.

Es domingo y no se olvida,
primero piensa en el campo;
la marea se le sube,
piensa postergar sus años.
Ella viene con su bolso,
su blusa esconde geranios;
va camino de la iglesia
y él, él la estará esperando.
Ella lo busca en la sombra,
él ha pasado de largo;
bajo el ala del almendro,
él ya no la está esperando.

Rosetón (con Delibes: Lakmé/Flower Duet)

Dos ancianos vuelven la cabeza y los deslumbra el rosicler de la tarde:

aguantan en el sendero los años que se les han ido en las pestañas.

Se giran, y ya han aprendido de memoria

las rutas del invierno y la música de dos flores que escarchan

el aire y los ribazos del corazón.

La armonía se rompe en tiritas de cristal, y cabecean, nevadas, las lunas.

Se lanzan al pozo de ladrillo (seco) y el peróxido vive instalado en sus dientes.

"De león no sé nada", respuesta a su armonía de centenos,

y entre los hechos, al final de la tarde, llegan a

dormirse. Llegan: nota y más de clavecín.

Sienes de luna, se vuelven hacia el alba del Alfa Centauro,

corriendo entre las franelas que sudan sangre y sombras

de edificios, vistas desde un vendaval de fuentes claras.

El chorro acaba por decidirse en las calles

que los han aprendido (toda vía precisa instancias).

Bajan hasta el borde de la tarde oscura, y sorprenden, desnuda,

a una campanela: la luna chorrea vírgulas plateadas

en la circunferencia de la noche, noche de estalactitas, noche,

noche antes y después de las seis. El sol se pone en las camas duras y en las blandas.

Afuera –ya y sin ellos– languidecen los caminos.

Romance sin nombre
(con Brahms: Op. 90, Poco allegretto)

Crecieron con doce hermanos,

abogaban por tres tiempos;

acabaron en pasillos

intimando con lo eterno.

Esperaba el luto en sombras,

ya se olvidaba el sombrero;

agitando aguas del pozo,

soñando algodón y velos.

Ardía el pan en sus manos,

el vino secaba inviernos,

ellos llevarían espantos

en los juegos y en sus pechos.

Caminaba corredores

donde se escuchaban ecos

sostenidos por altares

de hostias, de vino y de miedo.

Lo perseguía la noche,

crepitaba cirio en celo,

el fuego dejaba sombras,

les alborotaba el sueño.

La sombra dura rompió

una noche otro helecho;

lavó con tiempo las sábanas,

recogía su secreto.

Y soplaba azahares,

cuidaba de su cortejo;

el verano era su luto,

el invierno eran sus cuerpos.

Los otros ojos sin luna,

que rezan por nuestros muertos,

cerraban puertas en años,

amanecían a tiempo.

Los carillones de nieve

se han teñido de silencios;

crecieron con doce hermanos,

ecce homo de polvo y cieno.

Recuerdo, imperceptible
(con Mendelssohn: Op. 90, Allegro vivace)

Recuerdo, imperceptible, un viento de preguntas capciosas,

prendido de cirios y crepitando en un campo de escarcha. Espontáneas

sombras de agua, furtivos nenúfares, que se abren a ciertos sueños de luna roja:

sueños perseguidos por el deseo de un bolígrafo.

La calle te sustenta con los costados abiertos, o con larga primavera

de palabras sueltas entre las ramas de un naranjo: fragancia de azahares

que abre una herida al margen de una hoja.

Quizás el aura se desentienda de continuas y lisas manos;

quizás la lluvia se olvide de melancólicas pausas: será el barro vivo y generoso,

que se confunda con ese cuerpo armado de sugerencias,

y se funda en palabra y nota, palabras claras, nota clara, en las copas

de un almendro, y las hormigas —mimos plateados—

caen al descanso de un día, más allá del recuerdo.

Bebes de ti, nosotros de ti, de los libros apretados, sales de sinfónica casa:

basta caminar al lado de una sombra que se le escapó al horizonte,

o de un pensamiento que huyó de un espejo o de una noche de luna: en todo caso,

una noche te clavaron recuerdos inflamados de sombras,

entre las raudas moscas de cristal que se vuelven perlas

en la sombra, pero que olvidamos imperceptibles,

como un vuelo de polvo o de barro. Así la poesía.

Haikus (con Satie: Gymnopédie No. 1)

I

The street paints in gold.

Sycamores standing before

the eye of the finch.

II

La brisa anuncia

las lluvias de otoño.

Ya te maquillas.

III

La nieve oscila:

pasa un paraguas rojo

sin primavera.

Regodeo (con Schubert: D780, No. 3)

Se planta Venus en el aire desahuciado. Va y se desliza

por pensamientos rubicundos.

Se queda (cree) en su silla, desparramadas sus caderas

que una vez fueron las tortugas de su público.

La adoraron los ojos cansados y los menos;

arrastraba el pudor de la palabra espíritu,

ahora lejano rumor de lápiz,

ahora movimiento que recuerda rubor de monja.

La Venus se desprende y atropella con postura de *Momento musical.*

Solícitos golpean levemente la ventana,

lo que supone una maroma de rauda y sostenida mosca.

Quién se agarra de la cintura

y ejecuta una pieza

destinada a ser parte del más aquí.

La Venus, entretanto, ya ha conmovido ojos, manos,

pechos que suponen mar:

el regodeo hundido en la arena negra, canto

de una noche que había llegado a zumbarse, y sin elegir,

las palabras alrededor de la *Primera elegía*,

ahora desengañada e instancia inequívoca en el alba.

Mirrors (con Pärt: Spiegel im Spiegel)

A point of light marks and urges the will

to weld a sinuous path, altered by

slight but firm collapses of the soul, —still

a moment is two, and there's no good-bye.

At last, a pyramid confounds the sky

And transfigures many a pose. A flash

reveals in lucid tremors that to die

is a morose point surprised in a dash.

From the immensity of this vision

the traveler articulates a line:

Roads intensify their crystal mission

when gathering shadows from the divine.

As they stop, heralds deliver the word,

and words seize the songs of a golden bird.

Cerezo en flor (con Mozart: K. 299, Andantino)

Acechando y extasiado en leves movimientos de diamante,

el cerezo dispersa pétalos, notas de arpa, suspendidas

a mitad del viento. Caen y quedan.

La carrera hacia el claro recorre la habitación, y la llena de espuma rubí

mientras en el vano de la puerta oscilan partículas de ceniza.

Ojo y campo (cercas), la ventana se prolonga y llega a matizar

armonías que se disuelven y transforman: la memoria, en fin,

la convierte en más clara que oscura.

Alguna vez la mano se posó en sus contornos y rodeándola le lanzó un carámbano que,

en su trayectoria, devenía flauta: "Chato instrumento", decía el Maestro. Él, claro,

lo eleva y lo llena de matices y caracoles, *piano*, *piano*, desarma.

Sus movimientos se trasladan y se prenden y quedan,

y el arpa va figurando la flor del cerezo, incierta y hermosa por sus variaciones.

Vaya la piel sin esfera: es capaz de corroborarse sin ánimo

y de sobrecogerse en barras, bisagras del (este) idioma,

leves bocanadas de ánima que salen por la ventana y arremeten contra el cerezo

que en menos de media hora se vislumbra inaudito.

Las bocanadas han transfigurado la habitación y las paredes de ladrillo

en ánfora de un deseo. El arpa dura, dura la flauta,

la orquesta rezuma y se resigna, prolonga

el suceso que a cada momento nos sorprende entre un libro y una tarde.

Azacuanes (con J. S. Bach: BWV 1049, Allegro)

La nube se reconoce rapaz,

el vértigo anima su arquitectura;

acarrea mayo, viento y un haz

de sombras que estallan desde la altura.

La nube, acordeónica y tenaz,

va insinuando estelas de su hermosura:

el cernícalo se siente capaz

de ser a la vez aura y águila pura.

Un milano se transforma fugaz

en halcón, y emerge de su envoltura

circus cyaneus, dejando detrás

kilómetros que el aire configura.

Convocan un vórtex de alas y esferas;

sus inviernos rezuman primaveras.

Nubes (con Mozart: K. 201, Allegro moderato)

Todavía me seducen las nubes bajas, las que se empeñan en retocar

la belleza ingrávida y aprietan su forma en la celeridad.

Las miro y sus variaciones precisan el peso del rocío claro

que va tocando los jardines. Me miran, y se regodean en tonos grises

anticipando una ventana. Se van abriendo y señalan su intimidad
con el disco pálido.

Ahora logro entender aquello de esconder secretos detrás de la incorporeidad.

Las nubes que tantas veces he observado en su inmovilidad desde mi propio movimiento,

ahora me descubren un ciprés arañando la neblina: han bajado

y se han enmarañado en él, y han cambiado de forma y se llenan

de K. 201, primer movimiento. Y es que esta mañana, las nubes

han descendido a buscar en las calles la luna de anoche

que desapareció entre el ánima de unos claveles.

No son la estrella que quedó suspendida frente a una ventana:

las nubes la separan y la disuelven en el asfalto.

Y hoy, que es todavía, me alcanzan las nubes con su vuelo,

se posan y pasan, eternizando

el momento en ámbar o en una página blanca en movimiento.

Blanco trazo (con Granados: *Oriental*)

Libertad, blanco trazo de luz,

al fondo tu silueta se hermana con la brisa

y tu voz insiste sin corazón.

Busco el ocaso para llegar a rozarte

en la línea de tus sombras.

Partes la no-

che en miradas gitanas, en penumbras de abrazos la partes,

y tu honda cintura perdura fugaz.

Forjas cada nota desde una sabana,

meciéndote entre pastos de tejido azul,

chorreando tibia luz en esta página:

senderos de gatuñas reciben al viajero.

Y tus manos continuas —rumores ascendiendo

por el llano de mi nombre— me lanzan contra el ejército del No:

románica, atraviesas el bosque

marcado por sombras de encinas. No.

Te revuelves (dos) con tres movimientos de luna madura.

Y es el último, ese último (supongo)

enjambre de gotas (te resbalan dentro,

minúsculas invenciones), que una mañana

se informó de olvido.

Escena de ciudad
(con J. S. Bach: BWV 1030, Andante)

El hombre cruza lento la calle, alas en el talón. Se descompone

en un sincopado. La edad, el sol, el frío, la insistencia se le prenden

de la barba y apenas lo dejan caminar.

Va cruzando la calle y transita la verde espera. Va y aguarda

que el semáforo imponga su luz, que encienda su tiempo violeta

e intuya y acierte una buganvilla, levantando una tapia, conversando

con el sol. Se detiene el de la barba y lo confundo con una ola,

y es mariposa que intenta conservar su vuelo de espuma. Arrastra el pie derecho donde

caben los días, la gangrena, el acto de ser invisible y oler a venado roto.

En el asfalto cuadriculado sigue y se esconde detrás de su sombra

y de su barba melancólica. Un cuervo grazna desde la chimenea de una casa

cuya fachada sonríe limpia y enseña sus dientes blancos.

Va cruzando la calle y sus líquidos días lo hinchan hasta

hacerlo florecer en clavel. Todavía arrastra su vela: la lleva entre las manos derritiendo su cúmulo de salud. Ícaro es sueño de día.

Cruza y se lanza, llega al otro lado y la calle se hunde bajo el peso

de su triste barba. Lo veo doblar la esquina y en el recodo del camino,

el cuervo lo sigue observando con un solo ojo.

Azahares (con Debussy: Arabesque No. 1)

Me lanzas tu voz de azahar

y una sonrisa, y entre

ellas, reconozco las

sombras de esta

tarde. En tu regazo

caen los días, se dispersan y

acumulan latidos de

copos y roces de

lino y rosicler.

Despierto, me sujeta

la emoción de tu paisaje, de

cuando levantas la cabeza hacia tu

derecha y desenmarañas

realidades sueltas

en el aire. Y me dejo llevar entre la luz de

tu historia exacta y la luna de tus sombras.

Consigo enredarme en tus hilos,

y vuelvo al día y a tu noche

y a tu mañana y a tu voz.

Sueño, ahora que me leo en ti,

tan despierto y azul.

José Gustavo Melara

Usulután, El Salvador, 1969. Reside en Estados Unidos desde 1983. Hizo sus estudios secundarios y postsecundarios en Nueva York, Colorado y Cincinnati. Actualmente reside en Boulder, Colorado, donde es profesor de lengua española y filosofía & letras en *Front Range Community College*, desde 1995. Sus poemas se han publicado en varias revistas literarias y ha participado en congresos de poesía por todo los Estados Unidos. Ha dirigido talleres de traducción y sus traducciones de poetas como Walt Whitman y Wallace Stevens han sido publicadas en revistas en México y otros países. En 2015, se publicó su poemario **EN SUS PUPILAS UNA LUNA A PUNTO DE MADURAR**.

Zompopos
El libro es un Zompopo

El aire en la mano
(divagaciones)
de **José Gustavo Melara,** se terminó de editar y diagramar en marzo de 2025, en New Hampshire. Esta edición estuvo al cuidado de Keiselim A. Montás, de **Élitro Editorial del Proyecto Zompopos**.

Élitro Editorial del Proyecto Zompopos
El libro es un Zompopo - (*The Zompopos Project*)
New York – New Hampshire

Otros libros de Élitro Editorial del Proyecto Zompopos:

Amor de ciudad grande (poemas, 2006)

Allá (diario del transtierro) (poemas, 2012)

Cuando el resto se apaga (poemas, 2013)

Islamabad queda al norte (poemas, 2014)

En sus pupilas una luna a punto de madurar (poemas, 2015)

Como el agua (colección de Haikus) (poemas, 2016)

LikeWater (A Haiku Collection) (Poems, 2017)

Hacia Yukahú (poemas, 2017)

ANAGAMI (poemas, 2017)

RETURNING FROM THE UNDERGROUND (Novel, 2017)

MUESTRA Z (compilación editorial, 2019)

Translation: The Shared Art of Writing Backwards (ESSAY, 2019)

VERSOS LIBRES POR VENECIA / *Free Verses Around Venice* (poemas / *poems*, 2019)

EL JARDÍN DE LOS NUEVOS LECTORES (infantil, 2020)

EL LIBRO DE LAS NUEVAS AVENTURAS (poemas, 2021)

ÑUÓRK! (poemas, 2023)

Amor de ciudad grande (poemas, *segunda edición*, 2024)

Todos disponibles en: https://editorial-zompopos.square.site/

El Proyecto Zompopos: Este proyecto promulga al Zompopo (hormiga corta hojas / *atta cephalotes*) como un símbolo de cooperación entre los humanos y nuestro medio ambiente, identificando intereses comunes en necesidades, cultura, lenguaje e ideales. Propone un autoexamen de nuestra cotidianidad y una revisión de nuestras formas de consumo para dar nuevos usos a objetos que normalmente desechamos.

The Zompopos Project: *This Project champions the Zompopo (leaf cutting ant / atta cephalotes) as a symbol of cooperation amongst humans and our living environment by finding common ground via needs, culture, language and ideals. It proposes a look at our daily lives and a revision of our modes of consumption in order to find uses for objects we would normally discard.*

www.ingramcontent.com/pod-product-compliance
Lightning Source LLC
Chambersburg PA
CBHW060537080526
44586CB00012B/765